AUX CHEFS DE L'OPPOSITION.

Les principes d'affranchissement des peuples sont nés de notre première révolution; mais leur généralisation pratique a toujours été l'objet d'une fatale et criminelle résistance de la part des divers gouvernements qui se sont succédé depuis 89; ou bien quelques unes de ces puissances gouvernementales, produits monstrueux de l'enthousiasme et de l'égarement, ont voulu, en brisant l'ancien édifice, détruire jusqu'à ses matériaux, faire table rase, tout niveler, tout reconstruire avec des éléments puisés dans l'idéalisme de l'anarchie. Néanmoins ces coupables tentatives, ces fausses doctrines, contraires au progrès, ont eu le sort qu'elles devaient avoir; elles ont tout ralenti, tout retardé; mais leur puissance s'est brisée contre les sublimes manifestations du 18ᵉ siècle. Les idées d'indépendance et de liberté survivent parmi nous, et doivent porter leurs fruits. Libre dans son essor, l'esprit humain ne s'arrête pas ; sa marche est continue ; seulement son accélération est en raison directe du degré de prééminence des lumières sur les ténèbres. Il faut donc répandre les unes et dissiper les autres. Les temps sont venus d'allumer partout le flambeau de la vérité ; de le porter jusque dans les chaumières, d'où l'on puisse voir ce qui se passe dans les palais. — C'est là votre mission, orateurs de la chambre, écrivains patriotes ; — amis de l'humanité, doués des hautes facultés qui vous la font comprendre dans sa véritable destinée, son sort dépend de la puissance de votre parole et de vos écrits. Placés au premier rang de l'ordre social, hommes d'expérience et de cœur, notre génération intelligente et progressive demande à vous suivre, à marcher sous vos drapeaux ; — mais les masses vous ignorent encore ; vos doctrines, vos principes, la pureté de vos intentions, leur sont mal connus ; on les trompe, on les fascine, on les abrutit pour abuser ensuite de leur dégradation et de leur crédulité.

PUBLICATIONS POPULAIRES.

Ire LIVRAISON.

AVIS AUX PATRIOTES,

OU

INTTRUCTIONS SUR LES DROITS ET LES DEVOIRS DU CITOYEN,
SUR LA CHOSE PUBLIQUE,
LA CHARTE ET LE GOUVERNEMENT REPRÉSENTATIF
DANS SA RÉALITÉ ET SES CONSÉQUENCES;

Précédé

D'UNE ADRESSE AUX CHEFS DE L'OPPOSITION

ET D'UN

PLAN DE SOUSCRIPTION NATIONALE;

Par J.-B. MÈGE, d.-m. p.

De l'Académie royale de médecine, etc.

« Le régime actuel ne peut trouver
son point d'appui que dans les lumières du peuple. »

FRANÇOIS (de Neufchâteau).

Prix : 50 cent.

A PARIS,

CHEZ EBRARD, LIBRAIRE-ÉDITEUR,
PASSAGE DES PANORAMAS, 61.
1843

— Hâtons-nous de les éclairer sur leurs droits, leurs devoirs, leurs besoins, leur dignité, leur puissance. — Il leur importe surtout de bien comprendre que leur prospérité future est essentiellement subordonnée à leur réhabilitation, c'est-à-dire à l'exercice complet de leurs droits, à l'accomplissement rigoureux de leurs devoirs.

A vous donc, citoyens illustres, l'honneur de favoriser la vulgarisation des principes patriotiques, et d'encourager, dans notre belle France, la propagande des lumières nécessaires au peuple. — Défenseurs légaux ou officieux de ses intérêts et de ses droits, c'est en vous qu'il place ses plus chères espérances d'avenir. Mais l'importance et la multiplicité de vos travaux législatifs ne vous permettent pas de vous occuper des simples notions qui excluent l'éloquence nécessaire à vos luttes de tribune. — Aussi avons-nous créé un comité de rédaction qui sera votre interprète, qui suivra vos inspirations et vos conseils. — Il espère que vos encouragements et votre appui ne lui manqueront pas.

A vous aussi, patriotes de toutes les classes qui voulez le triomphe de la raison, de l'ordre et de la justice, venez à nous. —Venez nous aider à constituer, à organiser le règne de la démocratie, en secondant notre œuvre de civilisation. — Apportez chacun votre pierre, car il s'agit d'élever le Panthéon littéraire du peuple.

PLAN DE SOUSCRIPTION NATIONALE.

Il est ouvert chez M. EBRARD, éditeur-libraire, passage des Panoramas, n° 61, à Paris, une souscription aux publications populaires qui feront suite à celle-ci. Néanmoins l'éditeur ne pourra recevoir que les adhésions à la souscription. Tout versement d'argent s'effectuera chez chacun des membres du comité des fonds, qui sera nommé par les plus forts souscripteurs de Paris.

Ces publications sont destinées à être répandues *gratis* par les souscripteurs ; elles auront pour but d'éclairer le peuple sur ses droits et ses devoirs, et sur ses besoins physiques, moraux et intellectuels.

A cet effet, il est formé à Paris un comité central de rédaction et de gérance, sous la direction et la responsabilité de M. le docteur Mège (1). Il sera ultérieurement établi dans chaque département des comités correspondants, afin de favoriser et de recevoir les adhésions à cette souscription. Trois patriotes adhérents pourront se constituer en comité correspondant. Ces comités devront adresser les engagements qu'ils auront reçus au comité central, sous le couvert affranchi de l'éditeur.

Cette première livraison sera réimprimée, tirée à un très grand nombre d'exemplaires et distribuée aux souscripteurs, comme toutes les suivantes, à raison du prix de revient, qui ne devra pas dépasser 25 cent. l'exemplaire ; en

---

(1) M. Mège paie environ 3,000 fr. d'impôts.

sorte que pour 10 fr. souscrits on aura droit à 40 exemplaires, pour 20 fr. à 80, etc.

Le *minimum* de la souscription est de 10 fr. par an.

Il ne sera rien payé d'avance.

Pour être souscripteur il suffira de contracter l'engagement d'acquitter la somme qu'on aura souscrite à l'époque où le nombre des adhérents à la souscription sera suffisant pour la rendre définitive, et après qu'il en aura été donné avis par l'éditeur, qui indiquera le mode de paiement, et auquel devront être adressées, franches de port, toutes les adhésions.

L'appel de fonds n'aura lieu qu'en vertu de l'ordre du comité central de rédaction.

Toute livraison sera signée de son auteur, et portera en tête avant le titre : *Publications populaires.*

Les livraisons subséquentes seront semblables à la première pour le format, les caractères et la justification. Elles traiteront :

1° Des élections municipales et politiques, et de celles des officiers de la garde nationale;

2° Des impôts et des charges publiques;

3° Des vœux et des délibérations des conseils généraux ;

4° Des écoles primaires, ce qu'elles devraient être ;

5° Du travail, de l'économie, de l'ordre ;

6° De la nécessité de détruire les abus désastreux de la concurrence, et de créer des colonies agricoles et commerciales ;

7° Des caisses d'épargne et des compagnies d'assurances ;

8° De l'éducation morale, de l'union des forces sociales, de la prospérité ;

9° Des moyens de détruire la mendicité : — ateliers nationaux, ouvroirs-asyles, etc. ;

10° Des établissements de secours, hôpitaux, etc. ;

11° De l'hygiène et des secours à donner avant l'arrivée du médecin ;

12° De la morale, de la religion et de la liberté des cultes ;

13° Des belles actions, du courage et des vertus ;

14° Des récompenses publiques, devoir de l'état à cet égard ;

15° Des sujets intéressants de l'histoire, par extraits ou par analyses;

16° Enfin de tous les manuels utiles au peuple.

Pour éviter la fiscalité ruineuse et les autres inconvénients de la périodicité, les publications n'auront lieu qu'à des époques irrégulières, au fur et à mesure des ressources de la souscription.

La liste des souscripteurs et le montant de leurs souscriptions seront mis à la suite de chaque livraison.

— Fort déjà de l'assentiment et du concours des orateurs et des publicistes qu'il a consultés, le comité central de rédaction met avec confiance sa souscription nationale sous le patronage des membres les plus influents de l'opposition, et la recommande spécialement au patriotisme des rédacteurs de journaux qui l'approuveront, à l'effet de provoquer, de recevoir et de publier les adhésions.

M. MÈGE souscrit la somme de 500 fr. pour la première année.

AVIS AUX PATRIOTES.

OU

INSTRUCTIONS SUR LES DROITS ET LES DEVOIRS DU CITOYEN, SUR LA CHOSE PUBLIQUE, LA CHARTE ET LE GOUVERNEMENT REPRÉSENTATIF DANS SA RÉALITÉ ET SES CONSÉQUENCES.

PRÉLIMINAIRES.

Savez-vous, hommes de labeur exclusivement livrés aux pénibles travaux de l'agriculture, de la petite industrie et des mille métiers qui vous absorbent, savez-vous quelle est votre position sociale ? quelle part de sacrifices exige de vous le gouvernement qui vous régit pour assurer vos droits et vos libertés ? Connaissez-vous ces droits et ces libertés, et savez-vous si justice vous est toujours rendue, si les lois sont faites autant dans votre intérêt que dans celui des

autres classes, si vous ne payez pas plus d'impôts que vous ne devriez en payer, si vos députés comprennent bien vos besoins, s'ils en demandent la juste satisfaction, enfin si l'arbitraire des autorités ne s'exerce jamais à votre
préjudice ? Vous ignorez tout cela, et vous êtes
loin de vous douter des avantages qu'il en résulterait non seulement pour vous, mais aussi
pour les citoyens de toutes les autres classes,
si chacun connaissait et exerçait ses droits dans
toute leur plénitude. La prospérité, la stabilité, n'ont pas de plus solides bases que la justice, que l'équité pour tous. L'harmonie sociale
résulte des diverses forces qui se font équilibre : si l'une de ces forces ou puissances est af-
faiblie, paralysée, l'harmonie est détruite...; si
l'équilibre est rompu au détriment d'une classe ou force de l'état, cette classe devient l'en-
nemie des autres, et si celle qui se trouve lésée
est la plus nombreuse, la plus laborieuse, par-
tant la plus utile, il y a péril pour la nation ; l'a-
narchie est imminente... L'ignorance alors, qui
confond toutes choses; l'indignation, qui ne rai-
sonne pas; la misère, qui n'a rien à perdre, bou-

leversent tout, remettent tout en question ;
l'ordre social n'existe plus, il faut le refaire
comme en 89.... Ministres imprudents et sans
portée, courtisans vaniteux, si vous manquez
de génie et d'humanité, ayez au moins le sens
de votre propre conservation, et ce que nous
faisons, *nous*, par pure philanthropie, faites-
le donc, *vous*, par un intelligent égoïsme ! Le
souvenir du passé ne vous effraie-t-il pas dans
l'avenir ? Moi, il m'épouvante.... Je vous le dis
en vérité : les mêmes causes produisent les mêmes effets. Vous voulez corrompre, abrutir le
peuple, le tenir dans les ténèbres, lui laisser
ignorer que vous l'appauvrissez par des impôts
exorbitants, que vous le privez d'une partie de
ses droits et de ses libertés... Mais qu'espérez-
vous? Quand la mesure est comble, le déborde-
ment est inévitable. Dès lors, à défaut de lu-
mière, l'instinct seul se manifeste; il souffre, il
reconnaît la profondeur de la plaie, et toutes
les mains calleuses se lèvent comme antant de
massues, et toutes les bouches affamées crient
vengeance, et la terreur est partout... Cela
s'est vu, n'est-ce pas ? Ce souvenir vous glace

d'effroi ! Et cependant vous vous efforcez de nous reporter à ces temps de malheur et de confusion, par vos actes, par vos fausses doctrines, vos raisonnements d'utopistes, votre parlage de rhéteur. Si vous suivez la même route que vos devanciers, vous devez fatalement arriver au même précipice ! Mais des hommes de sens et de courage, des patriotes sincères qui comprennent autrement que vous l'esprit de conservation, ont résolu de vous arrêter dans cette voie pleine d'écueils, et ils ont pensé que l'un de leurs moyens les plus puissants était d'éclairer le peuple par une série de publications qui lui révèlent sa destinée sociale et politique ; qui l'avertissent des piéges tendus à sa bonne foi, à sa simplicité.

Citoyens, suspendez un instant vos travaux ; lisez cet écrit : il vous dira ce que vous devez à la patrie, et ce que la patrie vous doit.

DROITS DE L'HOMME EN SOCIÉTÉ (1).

1. L'homme ne peut vivre isolé; il est né sociable, il a besoin de ses semblables et ses semblables ont besoin de lui : d'où résultent droits et devoirs réciproques, fraternité, égalité; attributs généraux de l'organisation humaine, qui est identique dans l'espèce.

2. Néanmoins les individus offrent des différences essentielles entre eux, d'innombrables variétés de capacités, d'intelligences et d'aptitudes, qui marquent le rang qu'ils doivent occuper dans l'ordre social.

---

(1) Plusieurs de ces articles sont extraits de la Déclaration des droits de l'homme : nous en avons changé ou modifié la rédaction lorsque cela nous a paru nécessaire. Les droits et les devoirs politiques qui ne se trouvent pas dans les deux chapitres suivants sont exprimés dans les autres chapitres.

3. En général les hommes naissent tous bons, puisqu'ils naissent sociables, et que la méchanceté serait destructive de toute société : la nature ne saurait être inconséquente dans son but final.

4. Les malfaiteurs et les criminels sont ou des êtres incomplets et défectueux, des anomalies, des monstruosités de la nature, telles qu'elle en présente dans les autres espèces organisées, ou bien le produit d'un mauvais régime social. Dans le premier cas la Société a le droit de les punir afin de les corriger s'il est possible, ou de s'en débarrasser s'ils sont incurables ; dans le deuxième cas elle agit paternellement et assure du pain et du travail aux infracteurs s'ils en manquent.

5. Nul ne peut se prévaloir de son origine. Le fils d'un bûcheron vaut celui d'un prince, à mérite égal ; il vaut plus s'il a plus de mérite personnel.

6. Les priviléges de naissance étaient une absurde iniquité : ils sont abolis.

7. Tout membre de la Société jouit en naissant du droit d'être nourri, vêtu, instruit,

d'abord par la famille, et à son défaut par l'é-
tat.

8. Chaque homme s'appartient, en ce sens
qu'il a le droit de disposer de son temps et de
son travail pour une époque déterminée, et
d'user à son gré de sa fortune ; mais sa personne est inaliénable, quelle que soit la couleur
de sa peau. L'esclavage des noirs est un reste
de barbarie qui tend à disparaître.

9. La propriété est un droit privé, héréditaire ou acquis. Il est juste que le fils hérite du
père, parce qu'à son tour il aura des obligations
de famille à remplir. Sans le droit de propriété,
nulle société ne serait possible ; il n'y aurait ni
émulation ni attrait de la possession ; le plus
fort dépouillerait le plus faible, et cette loi du
plus fort ne tarderait même pas à rétablir l'iné-
galité des biens, et reconstituerait le droit de
posséder d'après la puissance matérielle, comme
chez la brute : nous n'aurions plus rien d'humain.

10. L'homme est libre dans ses actions,
sées, ses facultés et son industrie ; il
eut les appliquer, les manifester comme il

2

l'entend, et professer le culte qu'il a choisi, pourvu qu'il ne nuise à personne.

11. Tout citoyen est l'égal d'un autre devant là loi.

12. La sûreté des droits est garantie par le concours légal de tous les citoyens.

13. Les droits et les devoirs civils sont créés, réglés, étendus ou restreints au gré de la volonté générale, qui est souveraine et qui s'exprime par la majorité des citoyens ou de leurs représentants. Ses formules et ses arrêts s'appellent lois.

14. La minorité des citoyens qui n'approuve pas les lois ne leur doit pas moins une entière obéissance ; elle n'a qu'un droit de représentation ou de pétition, comme si elle n'était composée que d'un seul citoyen.

15. La loi commande donc une soumission passive à ce qu'elle prescrit ; elle est inviolable comme la souveraineté dont elle est l'expression.

16. Nul n'a le droit de se mettre au dessus de la loi, de faire plus ou moins qu'elle n'ordonne, pour ou contre qui que ce soit.

17. Ce que la loi ne défend pas est permis et peut se pratiquer, si la conscience et la raison l'approuvent.

18. Tout prévenu ne peut être arrêté, troublé dans la jouissance de sa liberté individuelle, qu'en vertu de la loi ou dans les termes qu'elle prescrit.

19. Nulle obéissance n'est due aux agents de l'autorité qui n'exhibent pas un ordre légalement motivé, à l'exception du flagrant délit.

20. Toute rigueur qui n'est pas nécessaire pour s'assurer de la personne d'un prévenu est inhumaine et doit être punie.

21. La défense de tout accusé doit être libre et publique ; nul ne peut être condamné sans être entendu ou légalement appelé à se présenter.

DEVOIRS.

1. *Devoirs envers soi.* Chacun doit veiller à sa propre existence et faire tout ce qu'il peut pour la développer et la perfectionner. On est coupable de négliger les soins de propreté, la salubrité des habitations et des aliments; il peut

en résulter des maladies épidémiques qui causent des calamités publiques.

2. Chaque membre se doit à la société dont il fait partie, et n'a pas le droit de l'en priver par une dégradation physique ou morale.

3. Le suicide est une lâcheté..., une honte qu'on laisse après soi.

4. *Devoirs envers la famille*. Tout chef de famille doit pourvoir aux besoins des membres qui la composent et élever ses enfants selon sa fortune et la morale. Il doit les faire vacciner, leur enseigner au moins à lire, à écrire et à compter ; leur donner un état ou une profession qui puisse, un jour, les rendre utiles à eux-mêmes et à la patrie.

5. L'autorité du père sur ses enfants est dans l'ordre naturel ; elle est fondée sur la nécessité dans laquelle est l'enfance d'avoir un maître et un protecteur pour la guider et la soutenir ; l'autorité paternelle est inhérente aussi à l'œuvre même de la création ; la faculté de créer implique celle de perfectionner, et la liberté d'action pour l'exercice de cette dernière est supérieure ; elle doit dominer la volonté filiale.

6. L'autorité paternelle n'est pas absolue. La loi l'a limitée à des moyens moraux et à de légères corrections corporelles qui ne doivent avoir aucune influence nuisible sur la santé et sur les bonnes mœurs des enfants.

7. Le pouvoir paternel étant convenablement exercé, les enfants doivent obéissance, soumission, amour et respect à leurs père et mère, toujours selon la morale; et jusqu'à leur majorité selon la loi.

8. Si les pères et mères sont dans le besoin, les enfants doivent les secourir par leur travail ou leur fortune; la loi les y oblige et la reconnaissance leur en fait un devoir.

9. Les subordonnés et les serviteurs doivent être traités avec égard et humanité, parce qu'ils sont autant que les maîtres, d'après la loi naturelle; mais on a le droit d'exiger de la soumission et de la politesse dans leur service.

10. Les domestiques doivent à leurs maîtres exactitude et fidélité, zèle et respect dans les ordres qu'ils reçoivent; ils doivent soutenir les intérêts de leurs maîtres et se rendre dignes en tout point de la confiance dont on les honore;

ils en ont contracté l'engagement *tacite* en se louant ; leurs gages sont les équivalents de leurs services.

11. *Devoirs envers la Société.* La bonne har-monie des citoyens entre eux dépend des sacri-fices personnels qu'ils doivent mutuellement se faire dans leurs relations sociales. La sincérité, la bonté, la charité, la tolérance et l'honneur, doivent être les principaux mobiles de leurs actions. Il faut supporter les inconvénients et les défauts d'autrui, si nous voulons qu'on supporte les nôtres.

12. La mauvaise foi, la colère et l'emporte-ment, l'intrigue et l'envie, l'avarice ou la pro-digalité dégradent l'homme et le rendent mé-prisable, quel que soit son mérite d'ailleurs. L'homme de bien est au premier rang dans l'estime de ses concitoyens.

13. Tout homme doit s'occuper d'un travail quelconque, matériel ou intellectuel ; c'est ainsi qu'il acquitte sa dette envers la société, qui ne le protége qu'à la condition qu'il se ren-de utile, soit à lui-même, soit à ses conci-toyens.

14. L'oisiveté est un vice qui devrait être puni ; mais le principe de la liberté individuelle s'y oppose ; il y aurait plus d'inconvénients que d'avantages. La société se venge des oisifs par le peu de cas qu'elle en fait.

15. La diversité des opinions politiques et des croyances religieuses impose la tolérance envers ceux qui ne pensent pas comme nous. C'est par la vérité, par la raison, qu'il faut convaincre ; la persécution ne prouve rien. Un jour viendra où les erreurs grossières, les préjugés avilissants disparaîtront comme un songe de nuit à la clarté des lumières de la civilisation... En attendant, liberté entière à l'exercice de tous les cultes.

16. *Devoirs envers l'état.* Chaque citoyen doit contribuer aux charges de l'état proportionnellement à sa fortune ou au produit de son industrie, en acquittant exactement les impôts que lui demande la loi, d'après les formes qu'elle prescrit. En s'y soustrayant frauduleusement, il commettrait un vol envers l'état et ferait acte de mauvais citoyen.

17. Tout citoyen doit ses services à la patrie,

au maintien de l'ordre, de la liberté, de l'égalité et de la propriété, toutes les fois que la loi l'appelle à les défendre.

18. Les citoyens ne sont sujets que de la loi; ils lui doivent une obéissance entière, et respect et soumission aux magistrats qui l'appliquent.

19. Celui qui viole la loi, la fausse ou l'élude par ruse ou autrement, froisse les intérêts de tous et se met en guerre avec la société : c'est un mauvais citoyen.

20. Néanmoins si la loi résultait du fait d'une majorité corrompue, au point de violer ouvertement les droits et les libertés garantis par la Charte, nulle obéissance ne serait due à une telle loi, — *et l'insurrection serait le plus saint des devoirs.* Hors ce cas extrême toute loi, quelque mauvaise qu'elle soit, doit avoir son effet jusqu'à ce qu'elle ait été légalement modifiée ou rapportée.

21. Les droits des citoyens étant non seulement établis dans l'intérêt privé, mais aussi dans l'intérêt général ou de l'état, leur exercice est un devoir. Celui qui ne les pratique

pas est un mauvais citoyen, il devrait être puni. Celui qui les met au service de l'intrigue et de la corruption est un infâme ou un imbécile.

DE LA CHOSE PUBLIQUE.

On entend par chose publique ce qui appartient à tous les citoyens collectivement et n'appartient à aucun en particulier; c'est le fonds social de la nation : tels sont les édifices publics, les églises, les musées, les palais, bâtiments et mobiliers de la couronne, les domaines de l'état et ceux qui font partie de la liste civile ; les biens des personnes mortes sans héritiers, les biens des communes, des hôpitaux, des divers établissements de charité, les terrains vagues, les grands lacs, les fleuves, les rivières, les places publiques, les rues et les routes; les armées et leur matériel, places fortes, fortifications, casernes, arsenaux, marine, bâtiments de guerre, lazarets, ports de mer et toutes autres propriétés nationales.

Les revenus de l'état, les contributions directes ou indirectes, les impôts de toute espèce perçus en vertu de la loi, font aussi partie essentielle de la chose publique.

Les droits et les libertés publics, l'intégrité du territoire français, l'administration générale des affaires intérieures et extérieures, l'université, les académies et les facultés, tous autres enseignements publics, la justice et les cultes, le maintien de l'ordre, les récompenses et les encouragements nationaux sont encore du domaine de la chose publique.

Tous ces biens, tous ces intérêts communs, étant la propriété de l'universalité des citoyens, il en résulte naturellement, logiquement, que la nation a seule le droit de les régir et d'en confier la gestion à des commettants de son choix.

La nation est donc le souverain arbitre de ses destinées ; tout pouvoir qu'elle confie n'est qu'une délégation limitée dans ses attributs et impliquant la responsabilité des actes. La nation a toujours le droit d'en demander compte et de changer ou punir l'autorité constituée qui faillit à sa mission : car la puissance souveraine ne peut agir contrairement à ses intérêts ; ce qu'elle ferait dans ce sens ne pourrait qu'être de l'erreur et serait radicalement nul. Elle n'est pas infaillible, mais elle est inviolable et impérissable ; elle ne relève que d'elle-même, et s'exerce par la volonté générale des citoyens, régulièrement convoqués pour la nomination de leurs mandataires (1).

La nation les ayant élus, tout pouvoir leur est délégué pour discuter et décréter, d'abord les lois organiques qui composent la Charte, et puis les lois et les mesures législatives qui règlent les intérêts généraux et particuliers.

CHARTE CONSTITUTIONNELLE.

La Charte est la loi fondamentale de l'état. Elle contient l'institution et l'organisation de tous les pouvoirs ; elle détermine et consacre les droits publics des citoyens.

Voici celle qui nous régit depuis 1830, avec

---

(1) Il sera publié des instructions particulières sur les droits des électeurs et sur tout ce qui concerne l'intervention des tiers, les listes électorales, la légalité et la police des séances.

des remarques à la suite de chaque article ayant déjà subi des modifications législatives, devant en subir d'autres plus tard, ou qu'une fausse interprétation du pouvoir a détourné de son véritable esprit :

CHARTE CONSTITUTIONNELLE.

Paris, le 14 août 1830.

LOUIS-PHILIPPE, roi des Français, à tous présents et à venir salut :

Nous avons ordonné et ordonnons que la Charte constitutionnelle de 1814, telle qu'elle a été amendée par les deux chambres le 7 août, et acceptée par nous le 9, sera de nouveau publiée dans les termes suivants :

Remarque. Ce préambule est inutile et suranné. D'ailleurs il ne devait pas mentionner la Charte *octroyée* de 1814. — Celle de 1830 est d'une toute autre nature : elle est *imposée.*

Droits publics des Français.

Art. 1. Les Français sont tous égaux devant la loi, quels que soient d'ailleurs leurs titres et leur rang.

Remarq. Oui, mais le choix laissé au pouvoir ou à l'autorité élude souvent cet article.

On en voit de trop fréquents exemplés dans l'armée, dans les places, les récompenses et les faveurs données à l'intrigue ou à l'opinion, au préjudice du droit et du vrai mérite. Il faut chercher et trouver le moyen légal d'empêcher ces abus.

2. Ils contribuent indistinctement dans la proportion de leur fortune aux charges de l'état.

Remarq. Et cependant celui qui possède cent mille francs de rente sur l'état ou de rente privée ne paie pas un centime ; et cependant le pensionnaire, l'homme à gros traitement, ne contribuent en rien aux charges publiques, qu'ils grèvent ; et cependant les artisans, le petit propriétaire, le commerçant, paient dix fois plus dans la proportion de leur fortune que le riche. Les contributions indirectes pèsent infiniment plus sur les classes inférieures ; cela est démontré. En pratique, cet article n'a donc qu'une réalité tronquée. Tôt ou tard il sera nécessaire de le compléter dans son application égalitaire.

3. Ils sont tous également admissibles aux emplois civils et militaires.

Remarq. Mais les partisans serviles du gou-

vernement, les courtisans, les légitimistes ral-
liés, sont toujours préférés. — Le favoritisme
a trop de puissance, il faudrait lui en ôter par
des lois plus précises.

4. Leur liberté individuelle est également garantie, personne ne pouvant être poursuivi ni arrêté
que dans les cas prévus par la loi, et dans les formes qu'elle prescrit.

Remarq. Tous les journaux de l'opposition
ont signalé des infractions à cet article. Le devoir de tout citoyen est de les signaler et d'y
résister.

5. Chacun professe sa religion avec une égale liberté, et obtient pour son culte la même protection.

Remarq. Ainsi la loi fondamentale *consacre
la liberté des cultes et assure une égale protection* A TOUS, quels qu'ils soient dans le présent,
et quels qu'ils puissent être dans l'avenir, la
Charte n'ayant fait aucune réserve; c'est-à-dire
qu'elle n'est d'aucune religion, que par con-
séquent elle ne doit en favoriser aucune, et que
la protection qu'elle leur accorde est purement
d'ordre public. L'art. 6 de la Charte de 1814
reconnaissait une religion de l'état. — Les gra-

ves abus produits par cet article l'ont fait rejeter de notre nouvelle constitution. — On va voir cependant que non seulement le gouvernement n'a pas tenu compte de ce rejet, qu'il agit comme si le catholicisme était encore la religion de l'état ; mais qu'il fait pour elle, pour le parti prêtre, tout ce qu'aurait pu faire le ministère Polignac.

Les jésuites et le haut clergé, étant parvenus à fanatiser Charles X, s'étaient créé une prépondérance politique qui ne tendait à rien moins qu'à la destruction complète de nos libertés, au bigotisme de la jeunesse, à l'abrutissement des masses, et finalement au pouvoir absolu du parti prêtre. — Eh bien ! ce parti s'est reconstitué plus nombreux, plus exigeant que jamais. — Il se compose encore, avec plus d'ensemble *qu'aux beaux jours de la restauration,* de toutes ces *pieuses compagnies de Jésus,* déguisées sous des costumes et des noms divers, de la plupart des évêques, archevêques et cardinaux, du bas clergé et des séminaristes *jésuitisés* depuis 1830, des *nobles* hypocrites qui vont baiser les saintes reliques ou passer sous les *châsses à miracles;* enfin de tous ceux qui ont juré guerre à nos libertés, guerre à la souveraineté du peuple. — C'est que le parti prêtre ne meurt pas; c'est que ses doctrines sont encore plus vivaces, puisqu'elles ont pu résister aux puissantes et spirituelles critiques des Pascal, des Voltaire, des Montlosier, — et qu'elles se reproduisent aujourd'hui même, 1843 ! lorsqu'on devait les croire anéanties le 29 juillet 1830 ! Les jésuites ! condamnés, chassés des états qu'ils ont voulu corrompre pour les dominer, de Rome même par Clément XIV, ont toujours trouvé les moyens d'y rentrer : ils se sont d'abord fait oublier ; puis ils se sont posés en proscrits, en martyrs, en innocentes victimes de la persécution des méchants ; puis en patelins, en sournois, en chauve-souris ils ont de nouveau pénétré dans la patrie qui les avait expulsés, et de faibles ils sont redevenus forts, et les chauve-souris se sont métamorphosées en serpents. — Criminels, oui criminels comme eux les gouvernements qui, pour régner, se servent des disciples de *Loyola;* de ces casuistes qui prescrivent l'obéissance passive et la délation mutuelle; qui justifient le meurtre, le régicide, l'adultère, l'inceste, tous les crimes enfin, pour arriver à leur abominable but, au ténébreux empire de la théocratie. — *La fin légitime les moyens*, disent-ils ! — Et c'est à notre époque de lumières qu'on protége, qu'on aide avec les fonds de l'état de tels sycophantes ! Et des savants d'une haute distinction ont la simplicité de ne s'en prendre qu'à EUX; de les combattre corps à corps, avec les armes de la raison, de la morale, de leurs constitutions sataniques. — Vous leur faites là trop d'honneur, Messieurs de l'enseignement public ; vous leur donnez une importance que certainement ils n'auraient pas par EUX-MÊMES ici, dans notre France, si leur résurrection, leur accroissement, et la pernicieuse influence qu'ils exercent déjà dans l'ombre, n'avaient été provoqués, encouragés par de hautes puissances qui se cachent aussi. — C'est d'ailleurs peine perdue : tout a été révélé, publié sur leur passé. Leur présent, qui à bon droit vous effraie, ne saurait être différent, et ce n'est ni la puissance nouvelle de vos discours, ni le tableau connu de leur machiavélisme, qui pourront les arrêter ; — ils en rient sous cape. — Aux hommes de *bâton*, il faut le *bâton* ; — une *plume* pour les vaincre...! niaiserie. Votre polémique est donc mal dirigée : elle ne saurait les atteindre : car pour vous, pour nous, ils sont insaisissables ; leur espionnage s'exerce sans bruit, leur plan d'attaque s'exécute par des machines invisibles. — Leur extérieur, leurs formes! — On les prendrait pour des saints. Leurs actes sont partout ; leurs personnes en jésuites, nulle part : — ils se nient sous le masque. Vous avez essayé de les dévoiler, mais ce n'est point assez. — Ne voyez-vous pas qu'un pouvoir qui se croit occulte les soutient et veut en faire les auxiliaires de ses projets liberticides (1) ? Attaquez donc ouvertement ce pouvoir. — Dénoncez les faits. — Pour être plus utile encore à votre pays, osez aller au fond des choses. — Vous ne l'osez pas ? Eh bien ! moi qui n'ai ni le crédit de votre talent pittoresque, ni l'avantage d'être professeur au collége de Fran-

(1) Néanmoins M. Quinet déplore la tolérance du gouvernement et le silence des chambres. (Voyez *Des jésuites*, p. 124.)

ce, je vais essayer do remplir cette tâche, que je considère comme un devoir patriotique.

La presse a déjà signalé une triple alliance entre le gouvernement actuel, le parti prêtre et les dévots du droit divin. C'est un fait publiquement établi, qui n'est pas même sérieusement contesté par *les conservateurs*. — Tout le monde le sait : les congrégations surgissent de toutes parts ; on revoit partout des couvents d'hommes et de femmes ; les grands et les petits séminaires sont plus nombreux, plus remplis que sous la *restauration*; des légions de missionnaires, payés ou indemnisés par le gouvernement, parcourent les quatre parties du monde et fanatisent nos campagnes ; des lazaristes, des chartreux, des trappistes, des dominicains, ne sont-ils pas, contrairement aux lois (1), tolérés, favorisés par le ministère ? La riche caisse des *jésuitesses* du Sacré-Cœur est-elle la seule qui ait aidé la résurrection des apôtres d'Ignace et de Mariana ? La plupart de ces congréganistes

-----

(1) Voyez les lois des 1er novembre 1789, 19 février 1790, 18 août 1792, 3 messidor an XII, 18 février 1809, et plusieurs autres.

n'ont-ils pas leur place dans le livre des dépenses secrètes ? n'ont-ils pas notoirement reçu des fonds du trésor public, des bâtiments et des terres de l'état ?—De jeunes filles ont été enlevées et conduites dans des maisons religieuses d'où leurs parents n'ont pu les retirer. — Partout aussi le gouvernement favorise les *frères ignorantins* au préjudice des autres instituteurs ; il dépense des sommes énormes à la construction ou à la réparation des églises ; les enrichit par ses dons et fait au parti prêtre toutes sortes de concessions propres à satisfaire son ambition et son orgueil, à reconstituer son ascendant et sa domination. — C'est pour lui plaire qu'on a violé la Charte en fermant l'*Église française* et les temples des protestants de Mantes et de l'Alsace ; c'est aussi pour lui plaire qu'on a violé le concordat en permettant la sortie des processions dans les villes où se rencontrent plusieurs cultes ; c'est pour lui plaire qu'on soumet le Code civil au *prétendu droit canon,* en refusant le mariage aux prêtres qui veulent rentrer dans la vie réelle et qui se trouvent ainsi privés de leur liberté individuelle ; c'est encore pour plaire au clergé que le gouvernement repousse le divorce, etc.—Et l'archiconfrérie ! qui se recrute ostensiblement dans toute la France ! qui compte déjà plusieurs millions d'affiliés, hommes, femmes et enfants égarés ! Quel est le général de cette milice de fanatiques ? Est-il à Rome ou bien à Paris ? Le gouvernement doit le savoir. — Et la loi sur les associations, — contre qui est-elle faite ? Uniquement, sans nul doute, pour empêcher l'union des patriotes et les tenir dans un impuissant isolement. — Mais je m'arrête, les limites d'une simple remarque ne me permettent pas d'énumérer ici les milliers de faits qui prouvent l'unité de but et la solidarité du ministère et du parti prêtre. — Néanmoins ceux que nous venons de signaler, joints aux saisissantes révélations de MM. Michelet et Quinet, suffisent pour faire voir le danger qui nous menace, — et pour provoquer une enquête parlementaire sur des griefs constituant le crime de haute trahison.

6. Les ministres de la religion catholique, apostolique et romaine, professée par la majorité des Français, et ceux des autres cultes chrétiens, reçoivent des traitements du trésor public.

Remarq. Pourquoi ne pas payer les prêtres de l'abbé Chatel, puisqu'ils professent un culte chrétien ? Il faudrait les payer tous, ou n'en payer aucun. Cette dernière mesure serait plus conforme à l'esprit de la Charte et plus digne de la religion. Il serait aussi plus juste, plus logique, que chaque secte payât ses prêtres ; les protestants, les juifs, et tous les autres dissidents, n'auraient pas à supporter leur part d'un impôt injuste pour eux, surtout lorsqu'il sert à solder les traitements scandaleux qu'on attribue aux grands dignitaires du sacerdoce, lors même qu'ils sont hostiles à nos institutions dans des livres, des mandements et des sermons plus dangereux que les utopies des communistes. — Passe encore si les prêtres officiaient *gratis.*—Mais non ; il faut aussi que ceux qui s'en servent les paient d'après des prix tarifés, plus mercantiles qu'évangéliques.

7. Les Français ont le droit de publier et de faire imprimer leurs opinions en se conformant aux lois.

La censure ne pourra jamais être rétablie.

Remarq. Cet article a été rédigé avec une déplorable préoccupation, funeste à la liberté de la pensée. Il fallait définir le petit nombre de cas généraux où la publication serait punie, et laisser se produire avec une entière liberté toutes les doctrines, tous les systèmes des moralistes, des philosophes et des publicistes : car les théories, les principes et les convictions de chacun, sont sa propriété la plus sacrée. Quelle que soit leur valeur ou leur extravagance, tout citoyen a le droit de les manifester, même en les opposant au régime gouvernemental actuel, si l'auteur se renferme dans une spéculation purement intellectuelle. Dans ce cas, le public est seul juge de ce qu'on lui soumet, et la presse se suffit à elle-même pour accueillir le bon, et rejeter définitivement le mauvais.

Mais les atteintes directes aux mœurs, à la morale universelle ; les complots, les appels à la force contre la sûreté de l'état ou du roi, la calomnie, la diffamation, la violence, l'outrage et l'injure contre les citoyens, voilà ce qu'il fallait spécifier et traduire devant le jury. Au lieu de cela, qu'avons-nous avec notre article 7 de la Charte tel qu'il est rédigé ? Un semblant de liberté de la presse...... Voyez tous les procès qu'on lui intente, toutes ces saisies de livres qu'on laissait vendre publiquement il y a quelques années, toutes les entraves que lui opposent la fiscalité du timbre, les cautionnements, les brevets du monopole des imprimeurs... *Et la censure, qui ne devait jamais être rétablie !* Nous l'avons cependant pour les pièces de théâtre, pour les gravures, les estampes, les lithographies, les figures moulées ou sculptées destinées au commerce. Si l'intérêt des mœurs et de l'art réclamait un examen préalable, c'est un jury spécial, pris parmi les auteurs et les artistes, qui devait être chargé de cette mission, au lieu de la confier arbitrairement et sans appel à des créatures ministérielles.

Etait-ce bien là l'intention des législateurs constituants de 1830 ? Nous ne leur faisons pas l'injure de le penser. L'esprit général de la Charte est clair, positif ; il doit être interprété dans le sens le plus large des libertés publiques.

8. Toutes les propriétés sont inviolables, sans au-

éune exception de celles qu'on appelle *nationales*, la loi ne mettant aucune différence entre elles.

9. L'état peut exiger le sacrifice d'une propriété pour cause d'intérêt public légalement constaté, mais avec une indemnité préalable.

10. Toutes recherches des opinions et votes émis jusqu'à la restauration sont interdites. Le même oubli est recommandé aux tribunaux et aux citoyens.

11. La conscription est abolie. Le mode de recrutement de l'armée de terre et de mer est déterminé par une loi.

Formes du gouvernement du roi.

12. La personne du roi est inviolable et sacrée. Ses ministres sont responsables. Au roi seul appartient la puissance exécutive.

13. Le roi est le chef suprême de l'état; il commande les forces de terre et de mer, déclare la guerre, fait les traités de paix, d'alliance et de commerce, nomme à tous les emplois d'administration publique, et fait les règlements et ordonnances nécessaires pour l'exécution des lois, sans pouvoir jamais ni suspendre les lois elles-mêmes ni dispenser de leur exécution.

Toutefois, aucune troupe étrangère ne pourra être admise au service de l'état qu'en vertu d'une loi.

14. La puissance législative s'exerce collectivement par le roi, la chambre des pairs et la chambre des députés.

15. La proposition des lois appartient au roi, à la chambres des pairs et à la chambre des députés.

Néanmoins, toute loi d'impôt doit être d'abord votée par la chambre des députés.

16. Toute loi doit être discutée et votée librement par la majorité de chacune des deux chambres.

17. Si une proposition de loi a été rejetée par l'un des trois pouvoirs, elle ne pourra être représentée dans la même session.

18. Le roi seul sanctionne et promulgue les lois.

19. La liste civile est fixée pour toute la durée du règne par la première législature assemblée depuis l'avénement du roi.

De la Chambre des pairs.

20. La chambre des pairs est une portion essentielle de la puissance législative.

21. Elle est convoquée par le roi en même temps que la chambre des députés. La session de l'une commence et finit en même temps que celle de l'autre.

22. Toute assemblée de la chambre des pairs qui serait tenue hors du temps de la session de la chambre des députés est illicite et nulle de plein droit, sauf le cas où elle est réunie comme Cour de justice, et alors elle ne peut exercer que des fonctions judiciaires.

23. § 1. La nomination des membres de la chambre des pairs appartient au roi, qui ne peut les choisir que parmi les notabilités suivantes :

§ 2. Les présidents de la chambre des députés et autres assemblées législatives.

§ 3. Les députés qui auront fait partie de trois législatures, ou qui auront six ans d'exercice.

§ 4. Les maréchaux et amiraux de France.

§ 5. Les lieutenants-généraux et vice-amiraux des armées de terre et de mer, après deux ans de grade.

§ 6. Les ministres à département.

§ 7. Les ambassadeurs après trois ans, et les ministres plénipotentiaires après six ans de fonctions.

§ 8. Les conseillers d'état après dix ans de service ordinaire.

§ 9. Les préfets de département et les préfets maritimes après dix ans de fonctions.

§ 10. Les gouverneurs coloniaux après cinq ans de fonctions.

§ 11. Les membres des conseils généraux électifs après trois élections à la présidence.

§ 12. Les maires des villes de trente mille âmes et au dessus, après deux élections au moins comme membres du corps municipal, et après cinq ans de fonctions de maire.

§ 13. Les présidents de la Cour de cassation et de la Cour des comptes.

§ 14. Les procureurs généraux près ces deux Cours après cinq ans de fonctions en cette qualité.

§ 15. Les conseillers de la Cour de cassation et les conseillers maîtres de la Cour des comptes après cinq ans ; les avocats généraux près la Cour de cassation après dix ans d'exercice.

§ 16. Les premiers présidents des Cours royales après cinq ans de magistrature dans ces Cours.

§ 17. Les procureurs généraux près les mêmes Cours après dix ans de fonctions.

§ 18. Les présidents des tribunaux de commerce dans les villes de trente mille âmes et au dessus après quatre nominations à ces fonctions.

§ 19. Les membres titulaires des quatre classes de l'Institut.

§ 20. Les citoyens à qui, par une loi et à raison d'éminents services, aura été nominativement décernée une récompense nationale.

§ 21. Les propriétaires, les chefs de manufacture et de maison de commerce et de banque payant 3,000 fr. de contributions directes, soit à raison de leurs propriétés foncières depuis trois ans, soit à raison de leurs patentes depuis cinq ans, lorsqu'ils auront été pendant six ans membres d'un conseil général ou d'une chambre de commerce.

§ 22. Les propriétaires, les manufacturiers, commerçants ou banquiers, payant 3,000 fr. d'impositions, qui auront été nommés députés ou juges des tribunaux de commerce, pourront aussi être admis à la pairie sans autre condition.

§ 23. Le titulaire qui aura successivement exercé plusieurs des fonctions ci-dessus pourra cumuler ses services dans toutes pour compléter le temps exigé dans celle où le service devrait être le plus long.

§ 24. Seront dispensés du temps d'exercice exigé par les paragraphes 5, 7, 8, 9, 10, 14, 15, 16 et 17 ci-dessus, les citoyens qui ont été nommés dans l'année qui a suivi le 30 juillet 1830 aux fonctions énoncées dans ces paragraphes.

§ 25. Seront également dispensées jusqu'au 1er janvier 1837 du temps d'exercice exigé par les paragraphes 3, 11, 12, 18 et 21 ci-dessus, les personnes nommées ou maintenues depuis le 30 juillet 1830 aux fonctions énoncées dans ces cinq paragraphes.

§ 26. Ces conditions d'admissibilité à la pairie pourront être modifiées par une loi.

§ 27. Les ordonnances de nomination de pairs

seront individuelles. Ces ordonnances mentionneront les services et indiqueront les titres sur lesquels la nomination sera fondée.

§ 28. Le nombre des pairs est illimité.

§ 29. Leur dignité est conférée à vie, et n'est pas transmissible par voie d'hérédité.

§ 30. Ils prennent rang entre eux par ordre de nomination.

§ 31. A l'avenir, aucun traitement, aucune pension, aucune dotation, ne pourront être attachés à la dignité de pair.

24. Les pairs ont entrée dans la chambre à vingt-cinq ans, et voix délibérative à trente ans seulement.

25. La chambre des pairs est présidée par le chancelier de France, et, en son absence, par un pair nommé par le roi.

26. Les princes du sang sont pairs par droit de naissance; ils siégent immédiatement après le président.

27. Les séances de la chambre des pairs sont publiques, comme celles de la chambre des députés.

28. La chambre des pairs connaît des crimes de haute trahison et des attentats à la sûreté de l'état qui seront définis par la loi.

29. Aucun pair ne peut être arrêté que de l'autorité de la chambre, et jugé que par elle en matière criminelle.

Remarques sur les articles précédents, depuis l'art. 12 inclusivement.

Trois pouvoirs ont été créés par la Charte, savoir : le pouvoir royal ou pouvoir exécutif, le pouvoir législatif, qui se partage entre la chambre des pairs et la chambre des députés.

Pouvoir royal. — Dans le but d'éviter les bouleversements et l'anarchie qui peuvent résulter d'un changement de dynastie, LA NATION a voulu, en confiant le pouvoir royal à Louis-Philippe, le rendre héréditaire dans la famille de ce prince, qui a été choisi non *parce qu'il était Bourbon*, mais *quoique Bourbon*, c'est-à-dire malgré sa naissance princière, qui, au contraire, l'eût exclut de droit, si les principes de libéralisme qu'on lui supposait ne l'eussent emporté sur les inconvénients de sa parenté avec la race déchue.

Louis-Philippe a juré fidélité à la constitution et obéissance aux lois. Ne faisant rien par lui-même, la personne du roi est irresponsable et inviolable ; il nomme des ministres qui contre-signent les ordonnances pour l'exécution des lois, et qui sont responsables de tous leurs actes. Mais l'inviolabilité du roi cesserait s'il violait la Charte, ou s'il usurpait les attributions de l'un ou de l'autre pouvoir législatif.

La nation reprendrait alors tous ses droits, et le roi serait déposé comme parjure. Exemple : Charles X.

Comme tout citoyen, le roi est esclave de la loi ; il n'a de pouvoir que pour la faire exécuter : sous ce rapport, il ordonne, et il dispose de la force publique.

Le roi déclare la guerre et commande les armées ; mais les représentants de la nation sont les maîtres de refuser les subsides s'ils n'approuvent pas.

Indépendamment de son pouvoir exécutif, le roi partage la puissance législative avec les deux chambres. Ces trois pouvoirs se font équilibre : l'un ne peut rien sans les deux autres, ni ceux-ci sans le troisième. Néanmoins il est évident que la chambre des députés forme le premier pouvoir, le pouvoir fondamental de l'état. Emanant des suffrages de la nation, il est constitutif ; c'est sa majorité qui fait les ministères : le roi est obligé de se conformer à cette volonté. S'il veut passer outre et prendre ses ministres dans la minorité ou dans une fausse majorité, produit de la corruption, c'est qu'il veut faire un coup d'état, ou faire prédominer son système personnel. Dès lors il ouvre lui-même la brèche à une révolution qui doit le renverser, ou l'ériger en dictateur, en despote.

Le roi, la charte et la chambre des pairs, ont été créés par le pouvoir constituant de la chambre des députés ; c'est donc par pure courtoisie que les rédacteurs de la charte l'ont placé à la suite des deux autres. Dans l'ordre naturel et logique, il est le premier.

C'est aussi ce pouvoir qui dans sa première législature, oubliant que la France voulait un gouvernement à bon marché, fixa la liste civile du roi au chiffre énorme de quatorze millions par an, pendant toute la durée de son règne.... Quatre étaient plus que suffisants ; c'est au moins dix de trop imposés aux contribuables.

La chambre des pairs, cette espèce de sénat, n'étant pas élue par la nation, ses membres sont nommés par le roi, qui ne peut les prendre que dans les catégories déterminées par la charte ; mais comme une grande latitude lui est laissée,

le roi a la faculté de choisir parmi ces hommes
ceux qui conviennent le mieux à ses principes,
et de nommer à la fois autant de membres qu'il
lui en faut pour obtenir une majorité conforme
à ses vues ; ce qui fait que cette chambre se
trouve identifiée avec le pouvoir royal : elle
n'est réellement que son auxiliaire. Pour
qu'elle fût indépendante et nationale, il aurait
fallu la rendre élective et limiter le nombre de
ses membres, comme pour la chambre des députés. Le sera-t-elle un jour ? Tout bon citoyen doit l'espérer.

Non seulement les princes du sang ne devraient
pas faire partie *de droit* de la chambre des pairs ;
mais ils auraient dû en être exclus *de droit*,
comme ne représentant que la royauté, qui n'a
pas la faculté de concourir à la formation des lois
autrement que par l'intervention de ses ministres responsables dans l'une et l'autre chambre.
L'art. 26 est donc une anomalie introduite dans
la charte ; et l'art. 28, qui aurait dû être promp-
tement complété par une loi qui définisse les
crimes et les attentats contre la sûreté de l'état,
est encore dans toute l'intégrité de son déplo-

rable vague. En attendant cette loi, c'est l'arbitraire qui traduit et qui juge à la haute cour de justice ; c'est une violation de la charte qui ne peut cesser que par la définition légale promise et impatiemment attendue.

L'art. 29 donne à la chambre des pairs une autorité qui la constitue juge et partie, contrairement au droit commun. La morale et la dignité, pour être satisfaites, exigeraient qu'en matière criminelle le pair de France fût jugé par la chambre des députés, comme le député par la chambre des pairs.

De la Chambre des députés.

30. La chambre des députés sera composée de députés élus par les colléges électoraux dont l'organisation sera déterminée par des lois.

Remarq. L'organisation actuelle des colléges électoraux par arrondissement est vicieuse, elle favorise l'esprit de localité aux dépens de l'intérêt général, de l'intérêt politique ; elle amoindrit le patriotisme, favorise l'égoïsme et la corruption. Tant que les élections ne se feront pas en totalité dans chaque chef-lieu de département, les choix seront subordonnés à l'intrigante et trompeuse activité des pourvoyeurs de places ou de décorations, à des promesses de routes, de ponts ou de clochers : les localités pourront être représentées dans leurs vœux et leurs besoins égoïstes; mais la France ne le sera jamais dignement par des mandataires qu'on aura choisis dans toute autre vue que celle de soutenir à la tribune les principes de liberté, d'indépendance et de progrès, sur lesquels le pays fonde ses plus chères espérances.

31. Les députés sont élus pour cinq ans.

Remarq. Ils ne devraient être nommés que pour trois ans. Le ministère aurait deux ans de moins pour les corrompre : tel qui résiste pendant trois ans peut succomber au bout de cinq.

32. Aucun député ne peut être admis dans la chambre s'il n'est âgé de trente ans, et s'il ne réunit les autres conditions déterminées par la loi.

Remarq. Ces conditions ont été fixées par la loi du 19 avril 1831. Mais cette loi circonscrit les capacités électorales dans un cercle qui ne peut plus les renfermer; il faut de toute nécessité l'agrandir, il faut y admettre celles qui en sont injustement exclues. L'esprit public a fait des progrès, la face des choses n'est plus la même qu'en 1831; les droits sont mieux compris : le gouvernement est obligé d'en tenir compte, sous peine de manquer à sa mission, de fausser son principe d'existence, essentiellement progressif.

Si le gouvernement laisse en dehors de la représentation légale une multitude d'intérêts, de droits et de besoins, il crée deux nations dans la même : l'une représentée, l'autre non représentée. De là deux classes de gouvernés : des patriciens et des plébéiens; d'où résultent opposition d'intérêts et de sentiments, haine et mépris, trouble et guerre entre les citoyens représentés et les citoyens non représentés. Et si, à défaut du droit refusé, c'est la force brutale qui l'emporte, que feront les patriciens? Les plébéiens seront cent contre un. Sur leur drapeau on lira d'un côté : *Réforme électorale, à bas les priviléges;* de l'autre : *Liberté, égalité devant la loi du peuple.* Ils marcheraient ainsi, en hommes libres, à la conquête de leurs droits méconnus. Qui oserait les repousser? Les bayonnettes du gouvernement se briseraient contre la volonté générale de la France, qui veut non seulement la réforme électorale, mais encore toutes celles qui doivent compléter son gouvernement représentatif.

33. Si néanmoins il ne se trouvait pas dans le département cinquante personnes de l'âge indiqué payant le cens d'éligibilité déterminé par la loi, leur nombre sera complété par les plus imposés au dessous du taux de ce cens, et ceux-ci pourront être élus concurremment avec les premiers.

34. Nul n'est électeur s'il a moins de vingt-cinq ans, et s'il ne réunit les autres conditions déterminées par la loi.

Remarq. Ces deux derniers articles seront annulés ou modifiés si la réforme électorale triomphe radicalement.

35. Les présidents des colléges électoraux sont nommés par les électeurs.

36. La moitié au moins des députés sera choisie parmi les éligibles qui ont leur domicile politique dans le département.

Remarq. La question du domicile a donné lieu à des contestations qui n'ont pas la moindre importance réelle, et qui ne font que gêner l'indépendance et la liberté des choix. Il s'est

rencontré des départements qui manquaient
d'hommes capables de les représenter dignement, sous le rapport des opinions ou du talent. Dans ces cas la lettre de la loi en a faussé
l'esprit : les consciences n'ont pas été libres.
Quel inconvénient y aurait-il à laisser une entière liberté aux électeurs à cet égard? La
preuve du domicile de l'élu sur un point quelconque de la France devrait suffire lors de la
vérification des pouvoirs.

37. Le président de la chambre des députés est
élu par elle à l'ouverture de chaque session.

38. Les séances de la chambre sont publiques;
mais la demande de cinq membres suffit pour qu'elle se forme en comité secret.

Remarq. Les garanties de la publicité peuvent être compromises par cet article. On con-
çoit qu'il serait facile à cinq membres d'abuser
de la faculté qui leur est donnée, et de dérober
à la connaissance du public des discussions im-
portantes qu'il peut entendre ou lire avec avantage et sans inconvénients. Il faudrait que le
nombre de cinq membres ne pût que demander
la mise en délibération du huis-clos, et qu'a-
près le débat préalable la chambre prît une ré-

solution à la majorité qui admettrait ou rejetterait le comité secret.

39. La chambre se partage en bureaux pour discuter les projets qui lui ont été présentés de la part du roi.

Remarq. Ou qui résultent des propositions faites par des députés, car l'initiative des lois appartient aux chambres aussi.

40. Aucun impôt ne peut être établi ni perçu s'il n'a été consenti par les deux chambres et sanctionné par le roi.

41. L'impôt foncier n'est consenti que pour un an. Les impositions indirectes peuvent l'être pour plusieurs années.

42. Le roi convoque chaque année les deux chambres ; il les proroge et peut dissoudre celle des députés ; mais, dans ce cas, il doit en convoquer une nouvelle dans le délai de trois mois.

43. Aucune contrainte par corps ne peut être exercée contre un membre de la chambre durant la session, et dans les six mois qui l'auront précédée ou suivie.

44. Aucun membre de la chambre ne peut, pendant la durée de la session, être poursuivi ni arrêté en matière criminelle, sauf le cas de flagrant délit, qu'après que la chambre a permis sa poursuite.

45. Toute pétition à l'une ou à l'autre chambre ne peut être faite et présentée que par écrit ; la loi interdit d'en apporter en personne et à la barre.

Des ministres.

46. Les ministres peuvent être membres de la chambre des pairs ou de la chambre des députés. Ils ont en outre leur entrée dans l'une ou l'autre chambre, et doivent être entendus quand ils le demandent.

47. La chambre des députés a le droit d'accuser les ministres et de les traduire devant la chambre des pairs, qui seule a le droit de les juger.

De l'ordre judiciaire.

48. Toute justice émane du roi ; elle s'administre en son nom par des juges qu'il nomme et qu'il institue.

Remarq. Le roi fait rendre la justice, mais la justice n'émane pas de lui ; la loi seule en est la source. Il serait donc mieux de mettre en tête des actes et des jugements : AU NOM DE LA LOI.

49. Les juges nommés par le roi sont inamovibles.

50. Les Cours et tribunaux ordinaires actuellement existants sont maintenus ; il n'y sera rien changé qu'en vertu d'une loi.

51. L'institution actuelle des juges de commerce est conservée.

52. La justice de paix est également conservée. Les juges de paix, quoique nommés par le roi, ne sont point inamovibles.

53. Nul ne pourra être distrait de ses juges naturels.

54. Il ne pourra en conséquence être créé de commissions et tribunaux extraordinaires, à quelque titre et sous quelque dénomination que ce puisse être.

55. Les débats seront publics en matière criminelle, à moins que cette publicité ne soit dangereuse pour l'ordre et les mœurs, et, dans ce cas, le tribunal le déclare par jugement.

56. L'institution des jurés est conservée. Les changements qu'une plus longue expérience ferait juger nécessaires ne peuvent être effectués que par une loi.

57. La peine de la confiscation des biens est abolie, et ne pourra pas être rétablie.

58. Le roi a le droit de faire grâce et celui de commuer les peines.

59. Le Code civil et les lois actuellement existantes qui ne sont pas contraires à la présente charte restent en vigueur jusqu'à ce qu'il y soit légalement dérogé.

Remarques sur les dix derniers articles. —

Le conseil d'état, les cours, les tribunaux, le jury et la justice de paix, ne sont pas en harmonie organique avec la Charte ou la représentation nationale. Il n'y a que les tribunaux de commerce qui le soient par le principe de l'élection des juges ; seulement les notables commerçants, qui sont les électeurs, devraient être désignés par le corps entier des industriels, au lieu d'être arbitrairement choisis par le préfet.

Le conseil d'état est une superfétation, une juridiction sans garantie constitutionnelle, dont les arrêts, dictés par les divers systèmes de gouvernement qui se sont succédé, ont été souvent contradictoires et empreints d'une dépendance imposée par le ministère, qui a droit de *vie et de mort* sur chacun des membres composant le conseil. Des questions de compétence ou d'incompétence mal définies par la loi ont donné lieu à des procès interminables et ruineux pour avoir été renvoyés au conseil d'état. La jurisprudence de ce corps n'est cependant pas d'une spécialité hors du droit commun et au dessus des connaissances et de la capacité des cours ordinaires de justice, qui certainement seraient très en état de juger les contestations administratives ainsi que les autorisations de poursuivre un fonctionnaire qui leur seraient déférées. Le conseil d'état est donc complétement inutile, et sa suppression deviendrait aussi profitable aux justiciables qu'au budget, à moins que le gouvernement ne se borne à en faire un conseil purement consultatif dans la discussion et la rédaction des ordonnances ou autres actes ministériels. Mais si l'on croit devoir lui conserver ses attributions actuelles, il faut de toute nécessité que son organisation soit radicalement changée, afin d'être mise en rapport avec le gouvernement représentatif.

Les autres cours et tribunaux, bien que s'éloignant moins de notre régime constitutionnel, auraient aussi besoin d'être réorganisés. La cour de cassation devrait être formée des juges et conseillers des cours royales qui par leurs services et leurs talents auraient mérité cette promotion par voie d'élection. La cour des comptes se recruterait parmi des surnuméraires qui auraient été préalablement soumis à un examen sur les éléments du droit administratif et de la comptabilité financière. Les cours royales, les tribunaux de première instance et les justices de paix, seraient aussi organisés d'après les principes de l'élection limitée par des catégories de capacités spéciales.

Le jury, composé de citoyens pris dans toutes les classes de la société, désignés par le sort, exempts de toute influence, prononçant selon leur conscience sur la culpabilité ou l'innocence des accusés, devrait être l'une des plus libérales de nos institutions, la plus démocratique et la plus essentiellement représentative... Tel était, sans doute, l'esprit des lois qui l'ont créée; mais d'autres lois y ont apporté de fâcheux changements; les éliminations et les récusations en ont dénaturé l'esprit primitif, et les garanties qu'elle devait présenter se sont transformées en une multitude d'inconstitutionnalités desquelles il résulte que, sous le point de vue politique, le jury n'est souvent qu'un instrument à l'aide duquel le ministère public peut obtenir tout ce qu'il veut des tribunaux.

Laisserons-nous ainsi dégénérer cette belle institution, au lieu de l'améliorer et de la perfectionner ? L'expérience nous a surabondamment démontré :

1° Que la simple majorité des voix ne suffit pas pour établir la culpabilité, que les deux tiers sont nécessaires comme en Angleterre;

2° Que les récusations du ministère public devraient être moindres que celles des accusés;

3° Que la formation de la liste annuelle par

les préfets n'offre aucune garantie positive, l'arbitraire pouvant en vicier le principe ; qu'en effet la faculté de choisir des noms arbitrairement attribuée aux préfets est une violation flagrante des droits : c'est enlever à des citoyens la capacité que leur reconnaît la loi, et la multiplier pour d'autres ; si cette capacité impose un devoir onéreux à remplir, il ne faut en décharger personne ; si c'est un honneur, chacun a le droit d'en jouir à son tour ;

6° Que, loin de restreindre les attributions du jury, on devrait les étendre à tous les crimes et délits civils, politiques et militaires, sans distinction.

7° Que l'organisation de plusieurs jurys spéciaux est vivement désirée depuis long-temps, et que rien ne serait plus juste, plus légal, plus constitutionnel que leur création, — dans la censure des pièces de théâtre, des gravures, etc. ; dans la poursuite en contrefaçon, en droits d'auteurs, en propriété littéraire, etc.; enfin dans toutes les contestations qui exigeraient des hommes spéciaux pour les comprendre et les résoudre par *oui* ou par *non*.

Droits particuliers garantis par l'état.

60. Les militaires en activité de service, les offi-ciers et soldats en retraite, les veuves, les officiers et soldats pensionnés, conserveront leurs grades, honneurs et pensions.

61. La dette publique est garantie. Toute espèce d'engagement pris par l'état avec ses créanciers est inviolable.

62. La noblesse ancienne reprend ses titres; la nouvelle conserve les siens. Le roi fait des nobles à volonté, mais il ne leur accorde que des rangs et des honneurs, sans aucune exemption des charges et des devoirs de la société.

Remarq. Ces rangs et ces honneurs n'ont aucune valeur réelle : l'orgueil et la vanité les ambitionnent; le mérite et la raison les dédaignent.

63. La Légion-d'Honneur est maintenue. Le roi déterminera les règlements intérieurs et la décoration.

Remarq. La Légion-d'Honneur est la consécration d'une haute pensée politique et sociale; elle fut imaginée par Napoléon pour récompenser les services rendus à la patrie sur le champ de la victoire par ses héros, généraux ou soldats; dans les sciences et les arts par les hommes de génie, les savants et les artistes les plus distingués. A son origine, le signe de l'honneur brillait d'un vif éclat sur la poitrine des braves et des hommes d'un mérite réel, qui le portaient avec un juste orgueil, comme la rémunération la plus digne d'un grand peuple..... Rois des quinze ans, qu'avez-vous fait de ce mobile du courage militaire, de cé talisman des vertus civiques ? Et vous aussi, ministres de juillet, qu'en avez-vous fait ? Vous l'avez déconsidéré, avili; vous l'avez prodigué sans discernement national à toutés vos créatures, à l'intrigante médiocrité qui s'est courbée sous vos bannières; vous l'avez offert en prime à la corruption, au dévoûment aveugle, aux services mesquins ou honteux des sbires de votre pouvoir, de votre police; vous en avez décoré de mauvais écrivains, de misérables feuilletonistes, des députés, des magistrats, des artistes sans talents reconnus, des officiers de la garde nationale pour avoir paradé aux Tuileries; vous avez fait dépendre les droits à cette noble récompense, non des services réels, quelque grands qu'ils fussent, non de la célélébrité honorablement acquise, mais bien, avant tout, du zèle et de la servilité... Le mérite indépendant et modeste, vous l'avez plongé dans un injuste, dans un offensant oubli. Enfin vous avez infesté le champ de l'honneur en y associant l'ivraie au bon grain, de manière à ne pouvoir plus les distinguer.

Législateurs, un seul moyen vous reste de ranimer cette mourante et patriotique institution : c'est de la reconstituer. Ses éléments de vie sont l'honneur et le vrai mérite ; faites que l'intrigue et la médiocrité ne puissent plus leur être substituées. Ses éléments de mort sont la bassesse et la nullité ; repoussez-les. — Faites une loi qui spécifie, qui détermine les services rendus ; leurs conditions de temps, d'utilité publique, d'abnégation et de services personnels ; que les droits soient clairs, positifs, incontestables ; que l'arbitraire soit impuissant pour les éluder ; que l'ancienneté et l'oubli ne puissent pas leur être opposés : la dette de la patrie est imprescriptible ; que surtout ils se recommandent d'eux-mêmes, car ils perdent de leur valeur par la sollicitation : ils ont la modestie de moins. La loi doit proposer, ac-

corder les récompenses nationales. Si elle at-
tend les demandes, les pétitions, elle excite la
vanité ambitieuse d'une foule de prétendants
obscurs, d'audacieux charlatans qui se créent
de faux titres, et qui savent à quelles conditions ils seront assurés de les faire prévaloir.

Mais, il faut tristement l'avouer, une telle
loi ne peut être présentée et adoptée qu'après la
réforme électorale. — Attendons-la.

64. Les colonies sont régies par des lois particulières.

65. Le roi et ses successeurs jureront à leur avénement, en présence des chambres réunies, d'ob-
server fidèlement la charte constitutionnelle.

66. La présente charte et tous les droits qu'elle
consacre demeurent confiés au patriotisme et au
courage des gardes nationales et de tous les citoyens français.

Remarq. La garde nationale a été dissoute
dans plusieurs villes, et n'a point été réorga-
nisée, contrairement à la loi qui prescrit cette
réorganisation. Est-ce pour ôter à la Charte
ses défenseurs, et pouvoir ensuite la mutiler

impunément ? On pourrait le croire. Dans notre opinion, les gardes nationales dissoutes ont le droit de se reconstituer sans l'intervention du gouvernement, qui viole la loi en la déniant. La Charte les y autorise, puisqu'elle leur confie son maintien *et tous les droits qu'elle consacre.*

67. La France reprend ses couleurs. A l'avenir il ne sera plus porté d'autre cocarde que la cocarde tricolore.

Dispositions particulières.

68. Toutes les nominations et créations nouvelles de pairs faites sous le règne du roi Charles X sont déclarées nulles et non avenues.

L'art. 23 de la Charte sera soumis à un nouvel examen dans la session de 1831. (Cet article a été révisé et adopté tel que nous l'avons transcrit.)

69. Il sera pourvu successivement par des lois séparées et dans le plus court délai possible aux objets qui suivent :

1° L'application du jury aux délits de la presse et aux délits politiques ;

2° La responsabilité des ministres et des autres agents du pouvoir ;

3° La réélection des députés promus à des fonctions publiques salariées ;

4⁰ Le vote annuel du contingent de l'armée ;

5⁰ L'organisation de la garde nationale, avec intervention des gardes nationaux dans le choix de leurs officiers ;

6⁰ Des dispositions qui assurent d'une manière légale l'état des officiers de tout grade de terre et de mer ;

7⁰ Des institutions départementales et municipales fondées sur un système électif ;

8⁰ L'instruction publique et la liberté de l'enseignement ;

9⁰ L'abolition du double vote et la fixation des conditions électorales et d'éligibilité.

Remarq. Toutes les lois promises dans ces paragraphes sont à faire ou à refaire, — et cependant nous voici à la quatorzième année de leur promesse. — Que faut-il espérer ou craindre ? — La réponse à cette question est plus prochaine qu'on ne pense.

70. Toutes les lois et ordonnances, en ce qu'elles ont de contraire aux dispositions adoptées pour la réforme de la charte, sont dès à-présent et demeurent annulées et abrogées.

Donnons en mandement à nos Cours et tribunaux, corps administratifs et tous autres, que la présente charte constitutionnelle ils gardent et maintiennent, fassent garder et maintenir ; et, pour la rendre plus notoire à tous, ils la fassent publier dans toutes les municipalités du royaume, et partout où besoin sera ; et , afin que ce soit chose ferme et stable à toujours, nous y avons fait mettre notre sceau.

LOUIS-PHILIPPE.

Par le roi,
Le ministre secrétaire d'état au département de l'intérieur,

GUIZOT.

Vu et scellé du grand sceau :

Le garde des sceaux , ministre secrétaire d'état au département de la justice ,

DUPONT (de l'Eure).

Publié le 14 août 1830.

Remarq. Ce final et gothique protocole aurait dû être remplacé par le serment que Louis-Philippe a fait devant les chambres d'être fidèle à la Charte et de s'y conformer.

Résumé des remarques sur la Charte.

De l'ensemble de ces remarques, fondées sur le droit et la raison, il résulte :

a. Que la Charte constitutionnelle n'a pas suffisamment reconnu tous les droits et tous les devoirs des Français ;

b. Que les libertés publiques et privées des

citoyens y sont mal déterminées, mal garanties ;

c. Que les intérêts physiques et moraux des masses n'y sont pas consacrés dans des vues de prospérité publique ;

d. Qu'elle se tait sur des stipulations de la plus haute importance qu'on aurait dû clairement exprimer ;

e. Que plusieurs de ses articles sont incomplets et obscurs de manière à laisser le champ libre à l'arbitraire, à la fausse interprétation du pouvoir ;

f. Qu'elle fait espérer, qu'elle promet des lois et des changements qui ne se sont pas encore réalisés ;

g. Que même dans son état d'imperfection elle n'a pas toujours été fidèlement observée par les ministres du roi ;

h. Que le temps et l'expérience ont déjà démontré la nécessité d'une Charte plus en harmonie avec les besoins sociaux actuels, c'est-à-dire avec le progrès incessant de la nation, avec la puissance des manifestations de la pensée, avec la génération des principes d'indépendance et de dignité qui doivent prédominer en France.

Ainsi, d'une part, la Charte de 1830 est incomplète, obscure et mal rédigée ; de l'autre, elle a été faussée, mal interprétée, et n'a pas tenu ses promesses. Il ne pouvait guère en être autrement : car elle fut improvisée, proposée et votée par des députés ordinaires, qui n'avaient pas reçu de mandat constituant, de mission déterminée, pour faire un nouveau pacte social.

Cette grave illégalité ne peut trouver d'excuse et de sanction que dans l'impérieuse rapidité des événements et dans l'aveu tacite du pays, après une révolution sans exemple dans l'histoire. — Préparée et rendue nécessaire par des doctrines anti-nationales, par des exigences satisfaites d'un clergé toujours avide de ressaisir son ancienne puissance, et par l'audacieuse, la brutale violation de nos libertés les plus chères, la révolution de juillet éclata comme la foudre ; — un soulèvement général et spontané renversa en trois jours une antique dynastie, soutenue au dehors par le despotis-

me et la légitimité, au dedans par le *droit divin* et deux cent mille baïonnettes. — Le peuple resta maître du champ de bataille ; il avait
reconquis ses droits ; il avait détruit le pouvoir. — On eut peur de l'anarchie ; — on se
hâta de recomposer un gouvernement. — Le
peuple pouvait dicter ses conditions : — ivre de
la victoire, le peuple laissa faire.

Devait-on abuser de sa magnanimité, de sa
trop crédule confiance ? Il fallait, rien n'était
plus facile, plus juste, plus politique, il fallait
faire un prompt appel à la nation, à l'effet de
se constituer, et de stipuler ses conditions gouvernementales.—Mais ce qu'on aurait dû faire,
ce qu'on n'a pas encore exécuté, peut et doit
s'opérer un jour, afin de consolider notre édifice social, et de donner une légitime et légale
satisfaction à tous les intérêts.

Néanmoins, telle qu'elle est, la Charte de
1830 est la loi de l'état ; elle est obligatoire
pour tous. Non seulement nous lui devons une
obéissance absolue, mais nous devons la soutenir, la défendre, et souhaiter son maintien
jusqu'à ce qu'elle ait été modifiée ou changée

par une nouvelle chambre légalement constituée.

DU GOUVERNEMENT REPRÉSENTATIF DANS SA RÉALITÉ ET SES CONSÉQUENCES.

Le meilleur gouvernement possible est celui qui représente et garantit le mieux l'universalité des intérêts d'un pays et qui puise son existence et sa force dans l'expression réelle de la volonté générale. — République ou monarchie, empereur, roi, consul ou président, qu'importe la forme et le nom ? Nous n'avons jamais compris que des hommes sérieux de notre temps y attachassent la moindre importance. — De bonnes et solides institutions qui fixent, qui limitent d'une manière invariable les fonctions du chef ou des chefs de l'état que la nation a choisis, voilà l'essentiel, voilà toute la question gouvernementale, la seule qu'il soit utile de poser.

Être royaliste ou républicain ne doit plus avoir de signification en France, à moins que le royaliste ne soit un partisan du despotisme et que le républicain ne désire la loi agraire :

car, s'ils veulent tous les deux des institutions nationales avec un pouvoir exécutif responsable, il n'y a pas entre eux de différence importante : la qualification de patriote est la seule qui leur convienne. Tout bon citoyen est un patriote; et tout patriote est pour la patrie, non pour la royauté ou le consulat. Nous avons un roi constitutionnel ; eh bien ! qu'il règne, qu'il trône ; mais qu'il ne gouverne pas (1)..... La nation s'est réservé le droit absolu de se gouverner par l'organe de ses mandataires, qui la résument.

En vain des courtisans mal inspirés, des hommes politiques d'une autre époque, soutenus par des intrigants et des brouillons, veulent-

---

(1) Suivant M. Lamennais, il n'y a pas de milieu : si le roi gouverne, *il est tout*, et il faut qu'il soit tout; s'il règne et ne gouverne pas, *il n'est rien*, et il ne peut rien être, *qu'une machine à signer, qu'une griffe légale.* Dès lors la chambre *est tout : c'est une république, mais une très mauvaise république*, dit M. Lamennais, *parce qu'elle est déguisée sous des noms menteurs, parce qu'elle manque d'ordre et de stabilité, parce que la puissance exécutive serait trop mobile, trop vacillante,*

ils contester ce droit à la nation pour l'attribuer au roi. — Les imprudents ! S'ils réussis-
saient, il en serait bientôt de Louis-Philippe ce
qu'il en fut de son prédécesseur. — Mais si ces
prétentions despotiques hautement manifestées
n'ont plus qu'une importance ridicule, il en est
tout autrement des menées et des tentatives
ministérielles, de l'habileté perfide avec la-

---

*trop dépendante des passions d'une assemblée, des
intrigues des partis,* etc. (Voy. *Politique à l'usage
du peuple,* préface.)

Ainsi M. Lamennais place la nation dans l'alterna-
tive nécessité de se prononcer ou pour la royauté
absolue ou pour le principe de la démocratie pure.
— Mais il faudra toujours mettre la démocratie
dans les mains de quelqu'un ; elle ne s'exercera pas
toute seule. Un pouvoir exécutif sera créé ; il sera
présidé par un ou plusieurs représentants ; des ministres seront nécessaires ; enfin les affaires publiques devront être administrées. — Et la machine
gouvernementale ainsi montée fonctionnera-t-elle
mieux que le gouvernement actuel ? Oui, si les institutions sont meilleures ; — non, si elles restent
les mêmes : — car le pouvoir, de l'aveu même de
M. Lamennais, tend toujours à l'envahissement,
quelle que soit son origine. — Et, dans l'hypothèse
d'une république, le pouvoir exécutif serait encore

quelle le gouvernement élude la souveraineté du peuple en s'efforçant d'en conserver les apparences au moyen d'une mauvaise loi des élections et d'une majorité factice.

Que prouve tout cela contre le régime représentatif? Que ses ennemis le redoutent, puisqu'ils le faussent et l'annihilent; que les institutions qui le consacrent sont imparfaites, en ce qu'elles ouvrent la porte aux abus au lieu de

plus mobile, plus vaillant, moins stable, moins indépendant des passions et des intrigues des partis, que dans une monarchie représentative qui a pour elle l'unité.

Il est donc évident qu'abstraction faite des institutions, la forme gouvernementale n'est rien, qu'elle ne garantit rien par elle-même, qu'elle n'exclut ni l'intrigue, ni la corruption, ni l'arbitraire; — Que toute puissance, toute force réelle, toute garantie, résident dans les institutions démocratiques, quelle que soit la forme du pouvoir exécutif. Oui, nous voulons, comme MM. Lamennais et Cormenin, comme tous ceux de leur école, le gouvernement de la démocratie dans toutes ses conséquences ; mais nous persistons à penser avec M. Lamartine, avec M. Odilon Barrot, qu'il n'est pas nécessaire de changer la forme actuelle, et qu'il dépend de là nation de faire que le roi règne, et ne gouverne pas.

la fermer. Mais si vous perfectionnez, si vous complétez les institutions et les lois, vous paralyserez aussitôt l'action de l'arbitraire et l'influence pestilentielle des aigrefins politiques. Vous avez des lois contre les voleurs et les faussaires dans l'ordre civil; faites-en contre les escamoteurs et les escrocs de libertés publiques.

Est-ce donc là une utopie inapplicable, une perfection chimérique? En un mot, un trône constitutionnel entouré d'institutions républicaines n'est-il, comme on l'a dit, qu'un rêve creux, qu'un alliage impossible? Mais, avant de résoudre cette question par l'affirmative, il faudrait au moins avoir opéré l'alliage; l'a-t-on fait? Nullement. On a fait tout le contraire. Au lieu de compléter et de fortifier les institutions qui devaient le faire espérer, on les a tronquées, affaiblies. — Il fallait organiser le travail, créer des ateliers nationaux pour les valides sans pain et sans ouvrage, fonder des ouvroirs-asiles pour les enfants sans ressources, occuper les soldats en temps de paix à des travaux publics, refaire dans un intérêt plus général les lois sur l'instruction et l'éducation du peuple, diminuer les impôts au lieu de les augmenter, à cet effet réduire la bureaucratie et les gros traitements, supprimer les sinécures et les doubles et les triples emplois, prévenir le gaspillage des deniers publics, les marchés sans publicité, les connivences honteuses entre les agents de l'administration et les entrepreneurs ou les soumissionnaires ; il fallait abolir la peine de mort, au moins en matière politique, rétablir le divorce pour prévenir des crimes et des malheurs qui trop souvent sont le résultat de l'incompatibilité ; il fallait laisser intacts nos droits et nos libertés ; les étendre au lieu de les restreindre par les lois de septembre et tant d'autres ; il fallait au moins tenir les promesses de la charte.

Pour réaliser toutes ces choses, que faut-il donc ? Une loi des élections qui prescrive l'application du principe électoral dans sa plénitude et sa pureté, sans entraves, sans restriction. Eh bien ! cette loi, nous devons l'avoir, nous l'aurons, même en nous servant pour l'obtenir de la mauvaise législation actuelle, si, comme on doit l'espérer, nous parvenons à démasquer les turpitudes du pouvoir en les signalant, ses mesures extra-légales en leur opposant la légalité, son arbitraire en y résistant. Sous ce rapport l'enquête électorale a déjà rendu un service réel au pays : elle a démontré que tel qu'il est le principe électoral ne suffit pas pour assurer la légitimité des choix ; que, malgré son apparente légalité, l'intrigue et les promesses ont séduit les consciences et sont parvenues à faire nommer des hommes inféodés d'avance au pouvoir, ou dévoués à la coterie qui les a frauduleusement fait sortir de l'urne. La France entière connaît aujourd'hui la scandaleuse intervention de l'autorité dans les opérations électorales. — On sait aussi que les faveurs, les places, les hautes positions sociales, sont rarement données aux plus méritants, et que le véritable patriotisme est souvent un motif d'exclusion. Malheur au pays qui se laisse ainsi gouverner par des ministres sans foi, sans moralité, par des ambitieux pleins d'orgueil et d'égoïsme, osant lever la tête à la tribune nationale, après s'être courbés jusqu'à terre devant l'étranger ! Eh ! que leur importe la dignité, la grandeur de la nation ? N'est-ce pas de son abaissement qu'ils tiennent leur faux éclat, leur flétrissant pouvoir ? Mais s'ils laissaient la France être forte et grande, eux ils seraient faibles et petits. — France, relève-toi, chasse ces pygmées qui veulent te réduire à leur taille. — Le règne de la rouerie diplomatique a trop long-temps pesé sur nous ; l'heure est venue d'y substituer celui que nous avons espéré en 1830. Mais nous ne pouvons l'obtenir qu'à des conditions essentielles qu'on a éludées jusqu'à présent, et qu'il faut s'efforcer de reproduire au grand jour de la publicité pour en bien faire comprendre l'importance et leur donner toute la force qu'elles doivent puiser dans l'esprit des masses.

La première de ces conditions est sans contredit la généralisation de la connaissance des droits et des devoirs du citoyen telle que nous l'avons exposée dans ce travail. Si, comme nous l'espérons, il est bien compris, le public en déduira naturellement les conséquences qui en découlent. Néanmoins, pour éviter toute fausse induction, nous allons terminer par le résumé des principaux avantages qui résulteraient de la connaissance et de la mise en œuvre des droits et des devoirs politiques.

L'homme qui contracte des obligations a le droit d'en connaître l'étendue et les conditions : il faut que le débiteur sache ce qu'il doit, et le créancier ce qui lui est dû. L'état comme le citoyen sont en même temps créancier et débiteur l'un de l'autre ; il y a entre eux contrat synallagmatique : l'état est engagé d'une manière et les citoyens le sont d'une autre manière ; l'état garantit les droits et la sûreté publics et privés ; les citoyens lui doivent les impôts et le concours nécessaires à cette garantie.

Ces principes de droit civil sont incontestables, et ils sont fondamentaux de notre gouvernement représentatif, qui, dans sa réalité, a le plus grand intérêt à ce que chacun connaisse ses droits pour les pratiquer, et ses obligations pour y satisfaire, sans violence, sans révolte. Dans sa justice et son équité, le gouvernement est de même intéressé à faire connaître à chaque citoyen ses droits, afin qu'il puisse les exercer ou réclamer contre leur violation. Mais, loin de reconnaître la vérité de ces avantages, si le gouvernement les niait, s'il voulait, au contraire, les transformer en graves inconvénients pour lui, pour le succès de ses doctrines, il en résulterait la preuve évidente que son système serait anti-national et en état d'hostilité contre toute une catégorie de citoyens qu'on voudrait traiter en ilotes. — Ne semble-t-il pas, en effet, que telle soit la tendance de nos gouvernants ? Les restrictions sur le droit d'association, sur la liberté de la pres" se, sur le jury, ont-elles un autre but ? Il est donc de la plus haute importance d'éclairer le peuple sur ses droits, de lui dénoncer tout ce qu'on fait contre lui et tout ce qu'on ne fait pas pour lui. Son ignorance ou son indifférence pour ses droits politiques est la principale cause de ses souffrances et de l'abrutissement qui le menace. — L'homme qui ne sait que labourer son champ, pousser le rabot ou manier la truelle, se laisse facilement séduire et tromper. — Il ne sait ni pourquoi il paie l'impôt, ni par quelle raison il va se faire tuer en Afrique ou ailleurs ; ce que lui dit un adroit intrigant il le croit ; ce qu'un préfet lui ordonne de faire il le fait ; un maire lui dit : *Tu paieras tant d'amende*, et il paie. — S'il est électeur communal, il votera pour le marguillier ou le sacristain, si c'est le bon plaisir de *monsieur* le curé ou de *monsieur* l'adjoint. — S'il est assez riche pour être d'un collége électoral, il sera caressé ou menacé, et, bon gré mal gré, l'intrigue et la corruption se rendront maîtresses de son vote. — Il en serait tout autrement s'il était éclairé sur ses droits, sur l'importance de les exercer. Quelque faibles que fussent ses lumières, elles suffiraient pour le rendre défiant, circonspect, et lui donner l'idée de consulter ses amis plus éclairés que lui. Par exemple, l'homme qui sait que sa liberté individuelle est inviolable, tant qu'il ne l'a pas aliénée d'après la loi, protestera contre l'arbitraire qui veut lui porter atteinte. Il en sera de même de sa liberté de conscience ; il pratiquera librement le culte qu'il a choisi. — S'il est électeur, aidé au besoin des conseils de ses amis, il votera pour le véritable représentant des intérêts populaires ; il repoussera comme une perfidie les obsessions des patelins politiques qui briguent l'honneur d'aller se vendre à la chambre.

Ces notions lui révéleront en outre sa force et le rang qu'il doit occuper comme puissance de l'état.

Les diverses classes de la société ont besoin de s'entr'aider pour opérer de grandes améliorations, de grands changements : les lumières de l'une sont nécessaires à la force matérielle de l'autre, et réciproquement. Mais, pour qu'elles aient toutes un intérêt réel à concourir vers un même but, à atteindre le plus haut point de prospérité possible, il faut qu'il y ait entre elles égalité des droits, et que les avantages soient proportionnés au mérite et à l'utilité de chacune d'elles comme de chacun des individus qui la composent. Tout étant à sa place, chaque levier, chaque ressort, chaque rouage, ayant son degré relatif de force et d'activité, la machine gouvernementale fonctionnera régulièrement, sans commotion, sans menace de se briser au moindre choc. Eh bien ! nos gouvernants peuvent-ils vous dire qu'il en soit ainsi de leur machine ? Mais elle est prête à voler en éclats ! Voyez plutôt ses mouvements incertains, son jeu saccadé ; voyez les mauvaises soudures qu'on lui fait pour éviter l'explosion. — Les prolétaires demandent justice : — Ils ont faim...

A l'œuvre donc, mandataires du pays ; occupez-vous aussi sérieusement, efficacement, des besoins pressants de la classe ouvrière : car ses vœux sont légitimes ; ils sont puissants, ils vous déborderaient. — La propriété et l'argent n'ont pas seuls le droit d'être représentés ; le travail des ouvriers, prolétaires ou non, l'agriculture, l'industrie et le commerce, les produits variés, importants, de l'intelligence, composent des intérêts non moins sacrés, non moins dignes d'être reconnus, représentés et classés parmi les forces vives de l'état. Le gouvernement n'est plus le maître de les exclure : il faut qu'il les admette ou qu'il périsse.

C'est l'opinion motivée des publicistes et des orateurs les plus illustres : — le peuple souffre ; le tableau de ses misères est effrayant ; les salaires ne suffisent plus, le travail manque, la concurrence tue le commerce, ruine des familles et généralise la banqueroute. A tous ces maux il faut un prompt remède ; mais quel est ce remède ? où le trouver ? Voilà le problème à résoudre.

Parmi les solutions proposées, il en est une que nous devons repousser comme portant la plus grave atteinte aux libertés publiques et individuelles de la classe ouvrière, sous les apparences d'un patriotique affranchissement : c'est la théorie de M. Louis Blanc, qui n'est qu'une impraticable modification du saint-simonisme (1). Il ne conseille pas l'abolition immédiate de la famille; mais en attendant il enlace, il gêne, il contraint ses membres par des lois, des statuts, des règlements ; il ne détruit pas d'emblée l'hérédité en ligne directe, mais il fait espérer plus tard son anéantissement comme une nécessité morale et sociale, et dès à présent il pense que l'hérédité collatérale devrait être supprimée. — Il propose l'association des ouvriers, un minimum de salaire, et pour prime le partage des bénéfices selon le travail, abstraction faite de la capacité. Tout cela serait fixé, déterminé législativement, et régi, pour la première an-

---

(1) Voyez son ouvrage sur l'organisation du travail, dernière édition.

née, par le gouvernement, avec faculté d'établir arbitrairement entre les ouvriers la hiérarchie nécessaire à la direction des travaux, à la fixation et à la distribution des dividendes. Les années suivantes, dit l'auteur, la hiérarchie émanerait de l'élection d'*en bas*, et non d'*en haut*, comme chez les saint-simoniens. Ceux-ci disaient : «L'ÉTAT PROPRIÉTAIRE.» C'était l'absorption de l'individu. — M. Louis Blanc dirait : LA SOCIÉTÉ PROPRIÉTAIRE ; différence énorme, selon lui : — similitude parfaite, selon nous, au moins dans l'avenir, qui reproduirait infailliblement les mêmes abus, les mêmes vices, et ramènerait l'oppression des faibles, la confusion des intérêts, l'arbitraire et l'envahissement par les forts ou les fourbes. C'est ce que M. Louis Blanc réaliserait par la création des ateliers sociaux tels qu'il les comprend et tels qu'il conseille au gouvernement de les fonder. Voilà le seul moyen qu'il croit propre à guérir les plaies sociales et à détruire les effets désastreux de la concurrence!...

Mais le remède serait pire que le mal ; les misères seraient encore plus grandes, puisqu'elles n'auraient plus la liberté pour les consoler. Ce qu'il y a de plus singulier dans cette partie du système social de M. Louis Blanc, c'est que la liberté, quoiqu'il prétende que non, est immolée à une chimère démocratique par l'un des plus éloquents défenseurs des droits et des intérêts du peuple. Ce n'est pas la seule contradiction qu'on remarque dans les œuvres de ce publiciste, et l'on doit vivement regretter d'y voir si peu d'idées pratiques. Néanmoins sa popularité, méritée d'ailleurs, ne nous a pas permis de nous taire sur les louables tentatives qu'il a faites en vue de l'amélioration des classes ouvrières ; mais les erreurs enseignées par le talent et la conviction sont trop dangereuses pour ne pas nous être fait un devoir de les combattre ici.

Beaucoup d'autres démocrates, se rapprochant plus ou moins de M. Louis Blanc, ont aussi proposé leur solution ; mais ils offrent tous les mêmes inconvénients, la même impossibilité d'exécution générale (1).

---

(1) Voy. l'*Union ouvrière*, par Mᵐᵉ Flora Tristan, l'Ancienne phalange, la Démocratie pacifique, toutes les publications des fouriéristes et des autres socialistes qui, tout en présentant des vues larges

Quant à nous, on le comprend, nous devons nous borner à indiquer les bases des mesures législatives qui nous paraîtraient devoir seules remédier à la gravité de la situation des ouvriers et du commerce. Si nous ne sommes ni plus heureux ni plus pratiques, nous tâcherons au moins d'éviter les mêmes écarts, de rester dans le possible, et de proposer des moyens légaux déjà pressentis et demandés par l'élite des publicistes, véritables amis du peuple et de l'ordre.

Et d'abord, point d'améliorations dans le sort de la classe ouvrière sans suppression ou diminution des impôts sur les objets de première nécessité (1), et point de réduction possible des charges imposées aux citoyens sans diminution corrélative des charges de l'état. Cette double réforme est de première nécessité ; c'est par elle que devront commencer les députés patriotes, si, comme on doit l'espérer, ils

---

éminemment philanthropiques et empreintes de génie et de talent, ne sont encore qu'à l'état d'ingénieuses utopies inapplicables dans leur généralisation.

(1) Un ouvrier qui boit à Paris un litre de vin par jour paie 74 francs d'impôts indirects par an, sans compter ce qu'il paie pour sa viande, son sel, son huile et son tabac !

arrivent un jour en majorité à la chambre. — Cela fait, voici les considérations fondamentales que nous soumettrions aux législateurs.

La concurrence, fille de la liberté , comme toutes les autres franchises, est devenue elle-même une liberté qui maintenant fait partie de notre droit public. Ses avantages généraux, ses grands résultats , sont incontestables, et l'ont rendue précieuse aux consommateurs de toute espèce, aux populations agricoles surtout. Mais, touchant exclusivement aux intérêts matériels , l'égoïsme, l'ambition , la rivalité cupide, en ont cruellement abusé ; les plus forts capitalistes ont souvent ruiné les plus faibles , et des banqueroutes, des ateliers fermés, des milliers d'ouvriers sans ouvrage, ont été la conséquence forcée de l'abus.

Mais de quelle liberté n'a-t-on pas abusé ? est-ce à dire qu'il faille les supprimer, ou adopter un mode social qui serait l'équivalent de la suppression ? L'expérience a mis à nu les dangers de la concurrence illimitée en fait de fabrication , d'industrie et de commerce.

Eh bien ! limitez-la ; réduisez sa sphère d'activité aux proportions de l'écoulement et des marchés...; s'il y a du trop-plein, vous, gouvernement, cherchez et trouvez des débouchés par des traités de commerce et des lois de douanes, par des expéditions lointaines, des conquêtes et des échanges; c'est votre mission, votre devoir. — Toute entreprise industrielle ou commerciale devrait être surveillée, inspectée par des commissaires chargés de prévenir ou de dénoncer à la justice les coalitions et les accaparements de denrées, de matières premières, de machines, etc., qui seraient punis par la loi. Toute fabrique, usine ou manufacture, ne pourrait avoir qu'un nombre déterminé d'ouvriers et de machines, annuellement fixé d'après un recensement général, et des états de situation des produits et des denrées emmagasinées. Si par ces états de situation il était établi qu'il y a surabondance des produits relativement à la consommation et à l'exportation présumée de l'année, il serait fait une réduction proportionnelle des moyens de fabrication; cette réduction ne serait jamais générale; ne s'effectuant que pour les fabrications en excès; il y en aurait toujours et nécessairement beaucoup en équilibre ou en moins, par le seul fait que la loi les aurait limités d'avance. Les ouvriers qu'on serait obligé de renvoyer par suite de ces mesures trouveraient de l'occupation ailleurs, et s'ils n'en trouvaient pas, le gouvernement serait obligé de leur en fournir aux travaux publics.

Le changement d'état des ouvriers renvoyés serait sans doute un malheur pour eux, mais ce malheur ne serait pas la misère; leur existence serait assurée, et ils auraient l'espoir et la liberté de changer et d'améliorer leur position. — Le salaire que donnerait l'état serait toujours inférieur au prix courant de la journée de travail, afin d'éviter l'affluence vers lui, et le délaissement des travaux particuliers.

Des plaintes sérieuses s'élèvent de toutes parts contre de grands établissements qui réunissent dans un même local presque tous les genres de marchandises au préjudice des spécialistes et du petit commerce. La liberté ne veut cependant pas que les intérêts du plus grand nombre et des moins riches soient sacrifiées à une minorité de capitalistes qui s'entendent pour ruiner les petits. Cette espèce de concurrence est une conspiration commerciale;

elle abuse du droit pour s'attribuer le monopole de fait; c'est une fraude, une violation, une immoralité que la nouvelle loi des patentes fera sûrement disparaître, si l'intérêt général n'est pas oublié.

Des colonies agricoles et commerciales à l'extérieur, des défrichements à l'intérieur, des creusements de canaux, des manufactures d'armes, des dépôts de mendicité, etc., etc., sagement organisés et répartis dans toute la France, deviennent d'une indispensable nécessité, si l'on veut prévenir les calamités dont nous sommes menacés par un excès de population, l'une des pricipales causes de la crise sociale actuelle.

Pour compléter la législation des intérêts matériels du peuple, il faudrait modifier l'organisation des caisses d'épargnes, en simplifier l'administration, en augmenter le nombre, et y joindre toutes les assurances mutuelles, qu'on mettrait ainsi sous la direction et la surveillance de l'état; les percepteurs des contributions recevraient les dépôts et les cotisations. L'état, les déposants et les assurés, y trouveraient également de grands avantages.

Une institution éminemment philanthropique est aussi vivement désirée : c'est la création, dans chaque département, d'une caisse des ouvriers vétérans; elle serait la providence des vieux travailleurs.

Ces diverses mesures législatives ne calmeraient pas toutes les douleurs, ne préviendraient pas tous les abus, — aucune institution humaine n'a cette puissance, — mais elles réaliseraient tout le bien social qu'il est possible d'obtenir à notre époque de transition.

Vous le voyez, citoyens, votre avenir, votre bien-être, sont essentiellement liés aux intérêts bien entendus de la France entière; mais pour garantir vos droits et vos libertés, que vous connaissez maintenant, et pour réaliser vos justes espérances, une grande chose est nécessaire, indispensable : — c'est le bon choix de vos députés, car ce sont eux qui font les lois.

— Electeurs, n'écoutez aucun genre de séduction; méprisez l'appât trompeur des promeses; jugez les candidats avec votre bon sens; examinez leur position sociale, leurs actes passés, et ne faites cas de leurs paroles qu'autant qu'elles seront la véritable expression de ce qu'ils auront déjà fait pour mériter votre confiance.

Rendez-vous tous aux élections; quittez toute chose pour aller exercer ce droit dont vous devez être fier, et dont la pratique est un devoir tout aussi sacré. — L'indifférence! gardez-vous-en bien, c'est l'abnégation de votre dignité d'homme. Ne croyez pas ceux qui vous la conseillent, ceux qui vous disent que nous sommes très bien gouvernés, que tout est pour le mieux, et qui repoussent les réformes et les améliorations comme devant amener l'anarchie, la violation ou le partage des propriétés. Ceux-là sont des niais ou des fourbes; ils ne sont dignes que de pitié ou de mépris; — laissez-les. Courez aux élections; apportez-y ce saint amour de la patrie, cet enthousiasme de la conscience qui déconcertent l'ennemi, déjouent ses piéges, frappent de stupeur et d'impuissance les liberticides. — Le patriotisme dort en France; amis, réveillons-le; nous en avons besoin pour nous sauver encore, pour replacer notre beau pays au premier rang des nations civilisées. — Nous sommes les plus nombreux; la justice et l'humanité sont avec nous. — Nous devons être les plus forts, —

non par le nombre purement numérique, —
mais par le nombre intelligent et moral : car
la force brutale n'est que celle de l'animal fé-
roce qui se rue également sur le bien et sur le
mal, incapable qu'il est de les distinguer. —
Ce n'est point à cette puissance aveugle, qui
n'a rien d'humain, que nous faisons appel ; —
c'est à la justice des hommes, à leur sens moral, à leur esprit d'ordre social et d'équité
fraternelle. En France, l'ignorance des masses
n'exclut pas chez elles *la notion du juste et de
l'injuste;* elle est innée. — Il suffit de la solli-
citer pour qu'elle se manifeste. — Nous l'avons
fait, et, pleins d'espoir, nous attendons le résultat de ces premiers enseignements.

Citoyens, ne perdez donc pas de vue le prin-
cipal mobile de vos actions, LA JUSTICE. *Justice et liberté, union et force;* — voilà votre
devise. — Ne l'oubliez jamais; et si vous êtes
bien pénétrés de l'importance, de la solennité
de votre droit d'électeur, si vous êtes unis
comme des frères en communion d'intérêts et
de sentiments, le triomphe vous est assuré; —
l'expression de la volonté générale ne sera plus
une chimère. Connaissant la légitimité de vos

prétentions, la nécessité de les satisfaire, la majorité élective réalisera les promesses et les conséquences de notre gouvernement représentatif, qui n'a encore été qu'un vain simulacre de souveraineté nationale.

Cette majorité ne sera pas révolutionnaire comme la convention : les efforts subversifs et contradictoires des républicains et des légitimistes ne peuvent rien contre la grande majorité des citoyens, qui croit encore que le régime actuel, tel qu'il devrait être, est le plus favorable de tous aux libertés publiques. — Ce ne serait qu'en désespoir de cause que la France se rangerait sous les bannières de l'une ou de l'autre de ces fractions.—La France n'est donc pas révolutionnaire ; et, pour éviter la terrible nécessité de le redevenir encore, — ELLE VEUT AVOIR, ELLE VEUT ESSAYER LA RÉALISATION DU GOUVERNEMENT DU PAYS PAR LE PAYS.

Telle sera l'impérieuse et patriotique mission de vos mandataires librement élus, avec l'intelligence des véritables intérêts populaires.

Imprimerie de GUIRAUDET et JOUAUST, 315, rue St-Honoré.

9 782019 295301